AF314735

LE GUIDE

DU

CLERC DE NOTAIRE

IMPRIMERIE A. MICHELS, PASSAGE DU CAIRE, 8 ET 10.

LE GUIDE

DU

CLERC DE NOTAIRE

DEPUIS LE

PREMIER JOUR DE SON STAGE JUSQU'A SA NOMINATION

PAR

M. L. GANTHIER

ANCIEN NOTAIRE

DIRECTEUR DE L'ECOLE DE NOTARIAT DE PARIS

PRIX : **2** F. **50** C.

PARIS

CHEZ L'AUTEUR, 16, RUE HAUTEFEUILLE

1873

LE GUIDE

DU

CLERC DE NOTAIRE

CHAPITRE PREMIER.

Du Stage.

La durée du stage est réglée par les articles 36, 37, 38, 39, 40 et 41 de la loi du 25 ventôse an XI (1).

La remarque principale que nous devons tirer de ces articles est la continuité. Le stage ne doit point être interrompu du premier au dernier jour ; mais une fois qu'il est complet, il peut, sans inconvénient, s'écouler un temps plus ou moins long entre son achèvement et la présentation à l'examen de notaire.

---

(1) ART. 36. — Le temps de travail ou stage sera, sauf les exceptions ci-après, de six années entières et non interrompues, dont une des deux dernières au moins, en qualité de premier clerc chez un notaire d'une classe égale à celle où se trouvera la place à remplir.

ART. 37. — Le temps de travail pourra n'être que de quatre années,

Le temps passé à l'armée, aux écoles de droit et de notariat, une maladie grave et dûment justifiée, et un laps de moins de trois mois ne sont pas considérés comme des interruptions.

La réduction énorme qui résulte de l'article 41 doit être considérée comme une exception et réduite au cas spécialement prévu; aussi faut-il que les trois années passées en première ou deuxième classe soient entières, la Chancellerie n'admettant jamais qu'on puisse les compléter avec un

---

lorsqu'il en aura été employé trois dans l'étude d'un notaire d'une classe supérieure à la place qui devra être remplie, et lorsque, pendant la quatrième, l'aspirant aura travaillé, en qualité de premier clerc, chez un notaire d'une classe supérieure ou égale à celle où se trouvera la place pour laquelle il se présentera.

ART. 38. — Le notaire déjà reçu, et exerçant depuis un an dans une classe inférieure, sera dispensé de toute justification de stage pour être admis à une place de notaire vacante dans une classe immédiatement supérieure.

ART. 39. — L'aspirant qui aura travaillé pendant quatre ans sans interruption chez un notaire de première ou de seconde classe, et qui aura été, pendant deux ans au moins, défenseur ou avoué près d'un tribunal civil, pourra être admis dans une des classes où il aura fait son stage, pourvu que, pendant l'une des deux dernières années de son stage, il ait travaillé, en qualité de premier clerc, chez un notaire d'une classe égale à celle où se trouvera la place à remplir.

ART. 40. — Le temps de travail exigé par les articles précédents devra être d'un tiers en sus toutes les fois que l'aspirant, ayant travaillé chez un notaire d'une classe inférieure, se présentera pour remplir une place d'une classe immédiatement supérieure.

ART. 41. — Pour être admis à exercer dans la troisième classe de notaires, il suffira que l'aspirant ait travaillé, pendant trois années, chez un notaire de première ou de seconde classe, ou qu'il ait exercé, comme défenseur ou avoué, pendant l'espace de deux années, auprès du tribunal d'appel ou de première instance, et, qu'en outre, il ait travaillé pendant un an chez un notaire.

temps même double passé en troisième classe. Ainsi le jeune homme qui justifierait de trente mois de stage en première ou deuxième classe, et d'un an ou deux en troisième classe, même comme premier clerc, ne serait pas jugé admissible.

Le stage se constate par le certificat du notaire, et en cas de décès par un certificat de la Chambre. Nous ne saurions trop engager les clercs à se nantir de ce certificat toutes les fois qu'ils laissent une étude, et même à le faire légaliser, pour éviter tous les ennuis que pourrait leur causer plus tard un décès ou tout autre événement inattendu.

L'inscription du stage est exigée par les articles 32 et suivants de l'ordonnance du 4 janvier 1843. Tout clerc doit se faire inscrire dans les trois mois de son entrée dans une étude, au secrétariat de la Chambre des notaires de l'arrondissement. Cette inscription n'est cependant pas exigée à peine de nullité du stage, et la Chancellerie, dans ce cas, ne fait que se montrer beaucoup plus exigeante pour les preuves de ce stage irrégulier ; il lui faut, en plus du certificat du notaire, un certificat du maire, et souvent même de la Chambre.

Pour se faire inscrire, il faut produire : 1° Un certificat du notaire chez lequel on travaille ; 2° et l'extrait de naissance, ou l'extrait d'une inscription prise dans un autre arrondissement. Dans le cas où l'on veut prendre une nouvelle inscription chez un autre notaire du même arrondissement, un certificat de ce notaire suffit. Les pièces ainsi exigées restent déposées à la Chambre et ne sont jamais rendues.

Dans plusieurs arrondissements on fait émarger la sortie

de l'étude à côté de l'inscription. Cet émargement n'est point exigé, et la Chancellerie, que nous sachions, ne s'en occupe pas : il se fait sur la présentation du certificat du notaire. Ce certificat ne doit point rester déposé à la Chambre.

Si la plupart des aspirants au notariat ont toujours avec eux les certificats de stage des différents notaires chez lesquels ils ont travaillé, il en est bien peu qui lèvent leurs certificats d'inscription avant la fin de leur stage.

———

CHAPITRE II.

De l'Instruction.

Voici le chapitre le plus intéressant et le plus délicat de ce travail.

L'instruction du clerc de notaire se compose de deux parties distinctes : le côté pratique du notariat, que les uns appellent l'art et auquel d'autres donnent malicieusement un autre nom que je me dispenserai de vous citer; et le côté théorique, qui en est la science.

Il faut cultiver également ces deux branches de l'instruction notariale, qui l'une et l'autre sont indispensables pour faire un bon notaire. Un notaire, sans la connaissance de la science du droit, est un praticien précieux comme clerc qui exécute les plans qui lui sont donnés et qui écrit les contrats pour lesquels on lui a placé des jalons ; mais qui devient dangereux dès qu'il a seul la direction d'une affaire ; car il ne comprend pas une partie des phrases qu'il emploie par habitude, et il ne peut prévoir les suites des conventions qu'il transcrit machinalement. L'homme qui n'a étudié que la théorie est moins dangereux, parce qu'il prévoit mieux les conséquences de chaque stipulation; mais il est bien plus embarrassé quand il faut mettre en pratique ses connaissances théoriques. Nous savons tous qu'un avocat, quelle que soit sa capacité, n'a jamais pu rédiger convenablement un simple projet d'acte.

De même que ce n'est qu'en forgeant qu'on devient forgeron, de même que ce n'est que dans l'eau qu'on puisse apprendre à nager; ainsi ce n'est qu'en écrivant des contrats qu'on apprend à rédiger les conventions; ainsi ce n'est que dans l'étude d'un notaire qu'on apprend le véritable moyen de diriger une affaire.

Je ne veux cependant pas vous dire qu'un cours de notariat soit inutile, loin de là est ma pensée. Un professeur, au contraire, qui vous explique une à une les clauses d'un acte, qui vous fait toucher du doigt la portée et les conséquences juridiques de chaque phrase contractuelle, est un aide puissant qui vous permet de saisir beaucoup plus vite la relation intime qui rattache la pratique à la théorie, et d'apprendre dans une année ce que vous n'apprendriez pas souvent en six. Seulement, quand vous aurez suivi un cours spécial appliqué au notariat, vous aurez encore besoin de passer par le critérium d'une étude, afin de mieux graver dans votre mémoire ce que vous a enseigné le professeur.

Mais j'allais oublier que j'écrivais principalement pour les clercs de notaire qui sont dans l'obligation de se former presque seuls.

Le stage est la véritable école de la pratique, et le clerc qui veut faire des progrès plus rapides doit éviter de débuter dans une étude importante. On doit chercher à se trouver toujours en contact avec le client afin d'entendre ses explications, et afin de comprendre peu à peu pourquoi on fait tel contrat, pourquoi on y insère telle clause.

Commencer son notariat dans une petite étude où l'on est seul, ou presque seul avec le patron ou le principal clerc, est donc le meilleur moyen d'apprendre vite, parce qu'on voit toutes les affaires se dérouler, s'expliquer devant soi ; et parce que, quand les clients sont sortis, on peut se permettre de poser quelques questions au notaire ou au premier clerc. J'ai connu même des notaires, et je leur en fait mes compliments, qui, après le départ du client, se donnaient la peine d'expliquer à leur clerc pourquoi il convenait, dans cette circonstance, de faire tel acte plutôt que tel autre. C'est que, vous le comprendrez facilement, quand on est seul ou presque seul avec un notaire, quand on est continuellement son compagnon de travail, on devient bien vite son ami, son familier interlocuteur.

Après une première année passée ainsi, ce que l'on doit rechercher absolument c'est à être premier clerc, quand ce serait dans la plus petite étude de France ; puis, dès qu'on en a la force, passer dans une étude plus importante ; mais toujours comme premier. Cette position de premier vous force à travailler davantage pour être à la hauteur de votre grade ; elle vous pousse à prendre vous-même la direction de quelques affaires, elle vous met de temps à autre en contact direct et immédiat avec le client, et vous donne une certaine habitude, une certaine familiarité des hommes, qui vous sera toujours utile.

La science du notariat peut s'apprendre dans toutes les études ; mais habituellement ce n'est pas là qu'on vous laissera étudier, on vous dira qu'il y a autre chose à faire, quand ce ne serait que des expéditions à griffonner.

C'est dans sa chambre le plus souvent qu'un clerc apprendra sa théorie; mais il faut avoir le courage de se séparer le soir de ses amis et de se clôturer tout seul comme un ermite. Pour apprendre ainsi seul sa théorie, pour, à vingt ans, fuir le plaisir et la société de ses semblables, il faut en effet de l'énergie, du courage et la ferme résolution de faire son chemin. A ces jeunes enfants qui savent ainsi passer quelques heures chaque soir dans leur chambre, en vis-à-vis avec un Code (et il faut en convenir, ils sont nombreux), je serre cordialement la main. Ils seront les vrais notaires de l'avenir.

A ceux-là j'offre le plan d'étude que je crois le plus sérieux ; le voici :

Étudier tout d'abord, articles et commentaires, la loi du 25 ventôse an XI, puis parcourir les différentes autres lois organiques du notariat.

Lire ensuite le Code civil, sans commentaire aucun, pour avoir plus tôt fini et posséder une teinte générale de ses principales dispositions. On peut, sans inconvénient, commencer par l'article premier et suivre jusqu'à la fin. On peut lire environ trente articles par jour, et aussitôt il faut chercher à trouver quelques cas d'application sur ces mêmes articles, et les relire encore le même soir, en remarquant bien les divisions générales. Après avoir ainsi parcouru tout le Code civil, il faudra suivre de la même manière les articles 545 à 1042 du Code de procédure civile, et les articles 1 à 70, et 437 à 614 du Code de commerce. En admettant quelques jours de repos, car un arc ne peut pas être toujours tendu, vous voilà pour cinq mois d'ouvrage ; mais quand vous aurez fini vous saurez que dans le Code civil on parle d'absence, de minorité, de servitudes, de successions, de donations, de contrats de mariage, d'hypothèques, etc. ; qu'on parle de procédures diverses au Code de procédure, et de faillite au Code de commerce ; et si, un jour, une question vous intrigue, vous verrez à peu près où vous pourrez en trouver la solution.

Il vous faut maintenant chercher un Code civil commenté : Lequel ?

La question est délicate et la réponse assez difficile ; voici ce que j'en pense :

Tous les livres sont bons, parce que tous ceux qui ont écrit étaient capables. C'est ici une question de goût et aussi de degré de capacité.

Au jeune homme qui n'a lu que la lettre sèche du Code, il faut un commentaire court, très-court. Lui mettre Demolombe entre les mains serait une folie. Le grand et savant ouvrage de M. Demolombe ne peut convenir qu'aux personnes déjà fort capables en droit.

Parmi les commentaires les plus courts, nous trouvons Rogron, et ensuite Mourlon et Delsol. Mourlon est le plus suivi.

En général, il a cependant un grand inconvénient, c'est de ne pas conclure dans les questions difficiles, et de plus ses hypothèques laissent beaucoup à désirer.

Dans la lecture d'un commentaire, il est préférable de commencer son Code par l'article 1101, *Des Obligations,* suivre ensuite jusqu'à la fin, pour reprendre plus tard à l'article premier et continuer jusqu'aux obligations.

Le programme de mon cours, qui se trouve à la fin de

cet ouvrage, peut dans cette marche servir de guide d'autant meilleur, qu'on y voit les différents contrats qui se rapportent à chaque partie du Code.

Tout en étudiant avec le plus grand soin ce premier commentaire, il faut, de temps à autre, porter les yeux sur les ouvrages de pratique notariale. Ici encore, pour les débutants, les plus courts sont les meilleurs. Il convient de lire et relire plusieurs fois les instructions qui précèdent et qui suivent le contrat dont on s'occupe en le moment. Quant à la formule, il faut s'en méfier, la plupart sont longues et pâteuses et marquées d'un certain style qui remonte au siècle de Henri IV ou de François Ier.

Le notariat s'est approprié et cherche malheureusement à conserver certains mots, certaines tournures qui, depuis longtemps, ne sont plus à la mode. Ce n'est pas dans l'étude de la plupart des notaires qu'il faut aller chercher le progrès.

De tous les ouvrages courts de pratique notariale, le *Formulaire* d'Édouard Clerc a le plus de vogue, c'est incontestablement le meilleur. Puis, nous avons encore les *Tablettes synoptiques* de Bruno où l'auteur a su grouper avec talent, et sur une même feuille, tout ce qui peut intéresser le même contrat; puis d'autres encore, que vous trouverez dans tous les catalogues de librairie.

Vous passerez donc la fin de votre première année, toute votre seconde année et souvent une grande partie de votre troisième année en compagnie des auteurs que je viens de vous citer; et, alors, je suis persuadé que dans le monde du notariat vous commencerez à passer pour un homme. Ce n'est pas une raison pour vous arrêter, il faudra continuer, il vous faudra travailler et travailler encore.

Pendant les deux ou trois ans qui vous sépareront encore du titre de notaire, vous devrez lire, en droit civil, Marcadé, qui à mon avis est le meilleur de tous les commentaires du Code civil ; vous devrez aussi suivre avec soin les journaux du notariat, et raisonner longuement, tant leurs articles que les arrêts qu'ils rapportent. Il faudra, à cette époque du stage, s'intéresser à toutes les questions qui se présenteront dans l'étude, et en chercher la solution dans tous les auteurs qui peuvent composer la bibliothèque du patron. Il convient surtout de s'appliquer à bien comprendre les conséquences des clauses et même de chaque phrase que l'on emploie dans un acte ; car ce n'est plus le moment de copier machinalement.

Vous voilà donc de l'ouvrage pour tout votre stage ; et soyez bien persuadé que six années consécutives, employées assidûment à suivre le programme que je vous indique, ne sont pas trop longues pour donner à la France un notaire capable, utile à ses clients et considéré.

Il en est malheureusement beaucoup qui, au début de leur stage, renvoie l'étude à l'année suivante, puis ainsi de suite. Ceux-là ne travailleront jamais, car c'est au début, d'une carrière, quand tout en nous n'est que zèle, que le travail est le plus facile ; ceux qui n'ont pas assez de courage la première année, n'en auront pas les suivantes. Mais que deviendront-ils ? A force de copier, à force d'entendre répéter les mêmes phrases, s'ils ont un peu de mémoire et d'intelligence, ils finiront par savoir faire machinalement les actes les plus usuels, puis quand il se présentera un acte un peu extraordinaire, il faudra recourir au guide-âne ; et, enfin, grâce à l'indulgence de MM. les membres de la Chambre, ils finiront par faire des notaires ;

mais quels notaires! Dispensez-moi de vous dire ce qu'ils seront; je me contente de vous les montrer au doigt, et malheureusement les petits bourgeois, les petits avocats de village en font autant.

CHAPITRE III.

Des Habitudes et des Appointements dans les différentes contrées de la France.

Le genre d'ouvrage donné aux clercs est à peu près le même dans tout le Sud à partir de la Loire, tout l'Est et tout l'Ouest; il varie beaucoup à Paris, aux environs de Paris et même dans le Nord.

Dans le Sud, l'Est et l'Ouest, c'est-à-dire dans les quatre cinquièmes de la France, la première année de son stage un clerc ne fait que des expéditions. La seconde année, il fait encore beaucoup d'expéditions, mais aussi il copie quelques actes dont les modèles ont été envoyés à l'étude ou les projets rédigés par un autre clerc, et il fait encore quelques minutes sous la dictée. La troisième année il fait moins d'expéditions, on lui donne beaucoup d'actes très-courts, qu'on appelle les actes courants. La quatrième année il fait généralement tous les actes, en rédigeant d'abord en projets ceux qui sont plus difficiles; il aborde les inventaires, mais on ne lui confie pas les liquidations. Dans la cinquième année on lui donne surtout les inventaires, et dans la sixième les liquidations.

Aux environs de Paris, il est beaucoup d'études où les

clercs ne font jamais d'expéditions : on a des commis spéciaux qu'on appelle expéditionnaires. Dans ces études-là, et pendant les deux, même les trois premières années, les clercs ne font que des extraits analytiques ou littéraux, des procurations ou d'autres actes sur modèle. Les troisième et quatrième années ils copient souvent les projets d'actes faits par les clercs plus avancés, ou ils écrivent sous la dictée, ce qui est très-fréquent, surtout pour les inventaires. Ils font aussi, à cette époque-là, une assez grande quantité d'actes de notoriété et de certificats de propriété. La cinquième année est celle des actes courants ordinaires, et pour peu qu'il y ait une difficulté on leur fait faire, au préalable, un projet; l'année suivante ils font tous les actes en général et les inventaires. Les actes difficiles et les liquidations sont pour les années subséquentes.

A cette marche générale que j'indique, on voit beaucoup d'exceptions. D'abord dans les études où il n'y a qu'un clerc et où le patron travaille, ce clerc ne fait presque jamais de minutes, quelle que soit sa force. Ensuite il est des jeunes gens intelligents et laborieux qui font, en trois ans, ce que d'autres font en six; il en est d'autres aussi qui, par paresse ou toute autre cause, mettent dix ans à parcourir le même chemin.

Parlons des appointements; ils ne sont pas lourds en général, les notaires sont hommes à ne pas gâter les prix; puis les clercs étant, de par la loi, forcés de faire un stage assez long, ne sont-ils pas très-heureux qu'on veuille bien leur donner une inscription. J'ai connu bien des clercs qui criaient, et pour un peu plus se seraient presque gendarmés contre cet état de choses; puis je les ai connus notaires, ils faisaient comme les autres, ils payaient fort mal leurs clercs, et ils trouvaient bon plus tard ce qu'ils avaient blâmé auparavant. Pauvres Français, comme la question d'intérêt personnel fait changer chez nous la manière de voir !

Dans le Midi, l'Est et l'Ouest, les clercs sont réellement mal payés. Pendant les trois premières années les appointements sont nuls ou à peu près. Dans les quatrième et cinquième années, ces appointements varient de 20 à 80 francs par mois. Il n'y est jamais question du déjeuner d'étude, c'est une institution heureusement inconnue. Pendant la sixième année, même la septième et la huitième, car tout le monde n'est pas notaire après six ans de stage, l'aspirant au notariat, qui remplit réellement les fonctions de premier clerc, reçoit en général 100 francs par mois. Il faut être dans une bien grande ville ou chez un patron généreux, pour obtenir 125 ou 150 francs; ces appointements-là sont réellement exceptionnels. La durée du travail est habituellement de sept heures au moins par jour; de huit à dix heures du matin et de midi à cinq heures du soir.

Dans les environs de Paris, c'est-à-dire à 150 kilomètres à la ronde, et dans le Nord, la cléricature est mieux rétribuée. D'abord tout jeune homme qui travaille dans une étude a droit, dès le premier jour, au fameux déjeuner, et ce succulent repas consiste en du pain blanc à discrétion et un verre de vin. Les jeunes gens qui ne trouvent pas ce repas assez appétissant, chargent le commissionnaire de l'étude, appelé *saute-ruisseau*, d'aller leur chercher, qui du fromage, qui une côtelette, etc.

Pendant les deux premières années les appointements sont à peu près insignifiants. La troisième année ils varient de 50 à 60 francs par mois, la quatrième de 80 à 100 fr.,

la cinquième de 100 à 150 francs, et la sixième de 150 à
200 francs. — Ces appointements de 200 francs ne sont
d'ailleurs donnés qu'à des jeunes gens laborieux, intelligents et capables. Dans quelques études importantes, les
personnnes qui ont renoncé au notariat et se font une
carrière de la cléricature, obiennent jusqu'à 300 francs.

En cette contrée de la France le stage est beaucoup
plus pénible que dans le Midi ; car les clercs, qui rentrent à
huit heures du matin, ne sortent pas pour le déjeuner qui
se fait habituellement dans un petit cabinet attenant à
l'étude, et n'ont leur liberté qu'à cinq heures du soir, pour
rentrer de nouveau à sept heures et ne sortir définitive-
ment qu'à neuf heures ; c'est ce qu'on appelle la veillée.
Dans les études qui possèdent plusieurs clercs, le personnel s'entend pour qu'une moitié, chaque soir, ne sorte
qu'à six heures, et ne rentre plus ensuite.

Vous tous, jeunes gens du Midi, qui aviez une certaine
convoitise pour les gros traitements de vos confrères du
Nord, voyez ce qu'ils leur coûtent de griffonnage et de
séquestration.

Je me hâte cependant de vous dire que dans la majeure
partie des études du Nord et des environs de Paris, ces
veillées assommantes ne durent que l'hiver.

CHAPITRE IV.

Du Stage à Paris.

Le stage de la capitale est, à mon avis, le plus pénible, le moins instructif et en même temps le moins rétribué, excepté toutefois en ce qui concerne le principal clerc.

En province, premier clerc et principal clerc sont des expressions synonymes ; il n'en est pas ainsi à Paris où le premier clerc est celui qui a la première inscription, tandis que le principal clerc qui, en fait, est le premier, est un clerc hors rang qui a renoncé à traiter, et possède la haute direction de l'étude.

Le stage, à Paris, est le plus pénible, parce qu'on y veille été comme hiver, excepté dans cinq ou six études privilégiées. On y est très-strict pour les heures de travail ; il faut rentrer à l'étude à huit heures et demie du matin, pour prendre tous part au bon déjeuner d'étude. Pour la sortie, le soir, le personnel se divise le plus souvent en deux parts égales, dont l'une sort à six heures pour retourner de sept à neuf heures, et l'autre ne sort qu'à sept heures pour ne plus revenir.

Il existe encore à Paris, à raison de un à trois par étude, des clercs appelés clercs-amateurs, parce qu'ils ne sont pas astreints au même temps de travail que les autres.

Ils ne viennent travailler habituellement que de cinq à six heures par jour, ils n'en ont pas moins une inscription comme clerc de notaire. Le genre de travail des clercs-amateurs est ennuyeux, fatigant, nullement instructif et même abrutissant ; ils ne font en général que des courses, des procurations sur modèle, des cotes d'inventaires, des certificats de propriété, ou ils copient des origines de propriété. Je crois qu'en vingt ans un clerc-amateur peut apprendre quelque chose.

Le stage parisien est le moins instructif; la meilleure preuve à en donner, c'est de dire que les neuf dixièmes des principaux, des premiers et des deuxièmes clercs de Paris sortent de la province où ils se sont d'abord formés, où ils ont appris presque tout ce qu'ils savent.

Pendant les deux premières années, les clercs de la capitale font, avec les clercs-amateurs, les procurations sur modèles, les cotes d'inventaires, etc. Pendant les troisième et quatrième années, ils copient le plus souvent des projets d'actes faits par les quatrième et troisième clercs. Les cinquième et sixième années, ils font les actes courants et quelques origines de propriété écrites d'abord sur projet, et ils collationnent avec le quatrième ou le troisième clerc. Après six ans de stage ils atteignent au grade de cinquième ou de quatrième, et ils font les inventaires ; et quand un clerc est aux inventaires, c'est habituellement pour un an ou deux. Ensuite ils peuvent arriver, comme troisième clerc, à faire tous les actes en général, moins la catégorie des contrats difficiles, qui est réservée au deuxième ou au premier clerc. Le principal a généralement assez à diriger l'étude, à traiter et préparer les affaires, et à aider le patron à recevoir les clients.

Un des grands inconvénients du stage parisien est de ne jamais voir les parties, de ne jamais entendre leurs explications, et de ne pas pouvoir, par suite, comprendre pourquoi on fait tel contrat, pourquoi on y insère telle clause. Le principal clerc, ou en son absence le premier, reçoit le client, s'entend avec lui, dresse une note qu'il vous apporte, en vous disant : « Vous ferez tel acte. »

L'étude de Paris est un petit ministère où l'on compte de six à quatorze clercs, suivant l'importance ; et encore ce dernier chiffre s'augmente-t-il souvent d'un principal, d'un caissier, de deux ou trois liquidateurs et de trois ou quatre expéditionnaires. Quant à la distribution du local, on y trouve le cabinet du patron, le cabinet du principal et quelquefois le cabinet du premier ou du caissier, puis une vaste salle, ou même deux ou trois salons.

J'ai dit que les clercs étaient mal payés à Paris, et voici pourquoi :

Dans les petites études personne n'est payé au-dessous du grade de quatrième clerc qui, lui, touche de 20 à 30 francs par mois, le troisième clerc a de 30 à 50 francs, le deuxième de 80 à 100 francs, le premier de 150 à 200 francs, et le principal de 250 à 300 francs.

Dans les grandes études le cinquième est le premier payé, il touche de 25 à 50 francs, le quatrième environ 100 francs, le troisième 150 francs, le deuxième 200 francs, le premier 250 ou 300 francs, et le principal peut se faire de 5,000 à 10,000 francs par an.

Le notariat de Paris n'est pas plus savant que le notariat de province ; mais il a un genre à lui qu'il faut connaître, que par conséquent il faut étudier pour arriver aux premiers grades. Il faut, à Paris, avoir une certaine connaissance des valeurs de bourse ; il faut connaître entièrement les sociétés et une partie des affaires de commerce ; il faut surtout agir avec une très-grande prudence, et cela se comprend, dans une ville où personne ne se connaît. La confiance villageoise serait ici un grand danger. — Pour toutes ces raisons, un notaire de Paris ne donnera jamais de prime-abord un grade élevé à un clerc arrivant de province, quelle que soit d'ailleurs sa capacité.— Le grade le plus élevé auquel on puisse prétendre en arrivant à Paris est celui de quatrième clerc, pour monter ensuite suivant la capacité, et souvent suivant le hasard, qui crée des vacances dans l'étude.

CHAPITRE V.

De l'Examen de premier Clerc.

Cet examen n'est point exigé par la loi, qui n'en parle nulle part. Mais quelques chambres touchées de l'incapacité de certains sujets qui se présentent pour être notaires, et que l'on n'ose refuser crainte de leur faire perdre leur position, ont cru bien faire en instituant l'examen de premier clerc, et en déclarant que dans leur arrondissement nul ne serait admis à occuper ce grade s'il n'avait, au préalable, subi victorieusement un examen.

Pour mon compte, j'applaudis à cette résolution, et je ne regrette que deux choses : la première, que ce ne soit pas là une décision qui s'applique à toute la France ; la seconde, que l'on n'exige pas quatre examens au lieu d'un. Si j'étais le maître, je voudrais que personne ne pût obtenir l'inscription de quatrième clerc sans avoir, au préalable, passé un examen sur les lois organiques du notariat et sur quelques principes de l'enregistrement ; que nul ne pût passer troisième, deuxième et premier clerc sans avoir subi un nouvel examen. Avec ce système la France aurait des notaires capables, et l'on n'entendrait plus quelques papas dire, en parlant d'un fils paresseux ou ignard : « Ah bah! nous en ferons un notaire. »

Chers lecteurs, vous me trouverez un peu sévère, et quelques-uns me maudiront peut-être; mais je suis ainsi fait, je suis franc, j'appelle un chat un chat, et je ne peux comprendre un notaire sans capacité. Il est de ces positions dans la vie où la médiocrité est un crime.

L'examen de principal clerc est généralement sérieux, plus sérieux que l'examen de notaire, parce qu'on ne craint pas de compromettre l'avenir du candidat.

Quand un jeune homme vient d'un autre arrondissement, on ne peut pas lui demander la justification de cet examen, parce que la loi ne l'exigeant pas, il n'est pas permis d'en faire une condition *sine quà non* de son admission.

A Paris, cet examen n'existe pas.

CHAPITRE VI.

Des Règles générales pour reconnaître le revenu d'une étude.

Il m'est impossible de vous poser des règles bien précises, et je me vois obligé de ne vous parler qu'en termes généraux.

Les livres du notaire (quand il en a, car tous n'en ont

pas) sont la meilleure preuve; il suffit de vérifier quelques colonnes d'additions, pour savoir si elles sont justes; puis, il faut prendre au hasard un acte de chaque catégorie et s'assurer que les honoraires perçus sont conformes au tarif.

L'enregistrement pour plusieurs est une base à peu près certaine; cependant cette base varie suivant les contrées et même suivant quelques études. Dans les campagnes du Centre et du Midi, l'enregistrement s'élève souvent au double des honoraires; tandis qu'aux environs de Paris et dans le Nord, l'enregistrement et les honoraires se balancent. Cette différence provient d'abord de ce qu'il se fait beaucoup plus d'inventaires dans le Nord que dans le Midi; qu'il s'y fait également plus de liquidations, parce que les fortunes mobilières y sont relativement plus importantes. Cette différence provient encore de ce que les tarifs du Nord sont plus élevés que ceux du Midi. Dans cette dernière contrée, pour une vente volontaire d'immeubles aux enchères, un notaire ne demandera que très-rarement plus d'un pour cent; ce n'est qu'exceptionnellement qu'il osera fixer à l'avance les frais généraux à dix pour cent. C'est autre chose dans le Nord; on y voit des notaires annoncer publiquement que les frais généraux s'élèveront à treize, quatorze et même quinze pour cent. La chose vous paraîtra moins étonnante quand je vous dirai, par exemple, que le tarif des notaires de l'arrondissement de Coulommiers (Seine-et-Marne) alloue cinq pour cent d'honoraires pour les ventes volontaires d'immeubles aux enchères.

Dans les villes l'enregistrement est en général plus faible et les honoraires sont très-souvent plus forts qu'à la campagne, parce que dans les villes, les inventaires, les actes de société, les actes d'ouverture de crédit, les liquidations, les actes de notoriété, les transports, sont plus fréquents.

Quelques candidats s'en rapportent un peu au nombre d'actes, surtout quand l'étude a changé de mains depuis assez peu de temps. Il est bon de savoir que le chiffre des numéros dépend souvent du titulaire. Ainsi les notaires qui cherchent le nombre feront, dans un inventaire, autant de numéros qu'il y a de séances; ils ne réuniront jamais deux mainlevées : ils font toujours séparément les acceptations de transports. J'en ai même connu un qui portait autant de numéros au répertoire qu'il y avait d'adjudicataires dans une vente aux enchères. D'autres enfin énoncent souvent dans les ventes ou dans les obligations que les fonds sont restés déposés entre leurs mains pour être remis à qui de droit après les formalités hypothécaires; et ils arrivent ainsi à faire une décharge, ce qui donne un numéro de plus.

Il est bon de bien connaître tous ces petits procédés pour ne pas se laisser induire en erreur.

Si vous voulez des bases générales, je vous dirai : Dans les villes environnant Paris et dans celles du Nord, les honoraires dépassent l'enregistrement d'environ un cinquième; dans les autres villes de France et dans les campagnes du Nord et des environs de Paris, ces deux chiffres sont à peu près égaux; dans les campagnes de l'Est et dans tout le Centre, l'enregistrement dépasse les honoraires d'un cinquième ou d'un quart; dans le reste de la France, l'enregistrement est souvent supérieur d'un quart et même de moitié.

Le revenu des études varie aussi beaucoup du Nord au

Midi. Ainsi, les études de simple commune du Midi rapportent de 3 à 6,000 francs, tandis que les mêmes études, dans le Nord, valent de 12 à 20,000 francs. Les études de chef-lieu de canton, au Midi, peuvent produire en moyenne de 5 à 10,000 francs ; dans le Nord, au contraire, il faut parler de 18 à 30,000 francs.

Entre ces chiffres extrêmes il y a une moyenne qui se trouve surtout aux environs du Mans, d'Angers, de Tours, de Troyes, de Dijon et de Nancy.

CHAPITRE VII.

De l'Examen de notaire et des Questions qui y sont habituellement posées.

L'examen de notaire, avouons-le tout de suite, n'est pas des plus sérieux, et des raisons multiples en sont la cause. Tout d'abord, c'est l'avenir du candidat qui préoccupe le plus ; ajourner un candidat à trois mois, pour le recevoir ensuite, mais c'est apporter un préjudice énorme à ce jeune homme, en donnant naissance à bien des doutes sur sa capacité. Il en est qui apprécient si bien cette fausse position qu'ils s'empressent de résilier en pareille occurrence. On doit d'ailleurs supposer que celui qui traite d'une étude se sent assez capable pour la gérer et n'agit pas en étourdi. D'honnêtes notaires peuvent donc réellement reculer devant l'idée de refuser un candidat, et voilà pourquoi ils ne lui adresseront que des questions très-simples et peut-être même ne lui en adresseront pas du tout.

Il faut encore l'avouer, cet examen est malheureusement guidé quelquefois par d'autres mobiles, et par exemple : Le cédant est membre de la Chambre, et l'on n'ose pas refuser le candidat que présente un confrère : le candidat est incapable, penserons peut-être quelques-uns, tant mieux, nous aurons moins à craindre sa concurrence.

Puisque tout le monde reconnaît ces vices de l'examen du notaire, pourquoi ne change-t-on pas la manière de procéder? Et si, par exemple, on ne veut pas absolument admettre des membres étrangers dans le jury examinateur, pourquoi ne fait-on pas au moins subir cet examen avant le traité?

Je comprends que la Chambre de l'arrondissement examine avec soin la moralité et la probité du candidat, et soit, sur ces questions, seule compétente : mais la capacité et les questions de stage devraient être jugées par des commissions mixtes et complétement étrangères à certaines influences.

Parlons de l'examen, quant à sa forme ; il se divise en deux parties, la partie écrite et la partie orale. Je connais des arrondissements où l'on demande au candidat s'il préfère répondre par écrit aux questions, et s'il y adhère, tout l'examen est écrit.

Au résumé, l'examen se compose donc toujours de deux parties ; l'une pratique, qui consiste en la rédaction de quelques projets d'actes, et l'autre théorique, qui est le questionnaire.

J'ai entendu parler de bien des examens, et voici les actes, toujours les mêmes d'ailleurs, qui ont été demandés aux candidats. Deux projets d'actes à chaque examen, c'est le nombre habituel. Je donne ces actes dans l'ordre où ils ont le plus de chance d'être demandés :

1° Intitulé d'inventaire, et généralement à la requête d'une veuve, tutrice légale et donataire;

2° Testament authentique ordinaire;

3° Cadre ou croquis d'une liquidation;

4° Dation en remploi par le mari à la femme (art. 1595 Code civil).

Je n'ai jamais vu sortir de ces quatre modèles, et voici probablement pourquoi : C'est que chacun se dit qu'un candidat sait à coup sûr faire une vente, un échange, un bail, un billet, une cession; ce sont des actes trop communs. Quant aux contrats de mariage, partages, donations entre vifs et autres contrats de ce genre, ils sont trop longs.

Les questions sont plus variées, et elles portent bien souvent d'un bout à l'autre du Code civil; je n'ai jamais vu poser de questions sur le Code de commerce ou le Code de procédure civile; et je vais, en suivant l'ordre du Code civil, citer les plus habituelles:

1° À quel âge peut-on faire des actes respectueux?

2° La mère, qui est autorisée par le Conseil de famille à se remarier, conserve-t-elle la jouissance légale?

3° Quand il y a jouissance légale qui, du conjoint survivant ou du mineur, supporte les intérêts courus avant le décès de l'autre conjoint?

4° Le tuteur peut-il faire procéder à l'inventaire malgré l'absence du subrogé tuteur sommé?

5° Un passage peut-il se prescrire?

6° L'époux qui a des héritiers à réserve peut-il dispenser son conjoint donataire de l'usufruit de la quotité réservataire de fournir caution?

7º Quelles sont les réparations à la charge de l'usufruitier?

8º Quels sont les cas où la représentation est admise?

9º Quand les biens donnés retournent au donateur, en vertu de l'article 747 du Code civil, quelles sont les charges qui les accompagnent?

10º Le testament du fils donataire fait-il obstacle à ce retour?

11º Un mineur émancipé peut-il accepter une succession?

12º Quand l'héritier premier appelé a renoncé à une succession, les personnes qui deviennent héritières par cette renonciation sont-elles forcées de renoncer à leur tour?

13º L'héritier bénéficiaire doit-il faire présenter requête au président pour faire vendre les meubles?

14º L'héritier bénéficiaire est-il forcé de vendre les immeubles?

15º Un mineur émancipé peut-il faire un partage amiable? Que vaut son consentement?

16º L'héritier bénéficiaire, qui demande le rapport en profite-t-il seul, ou est-il obligé d'en tenir compte aux créanciers de la succession?

17º Y a-t-il une différence entre la quotité de dettes que l'héritier doit supporter et la quotité pour laquelle il peut être poursuivi par les créanciers?

18º Les créanciers d'un colicitant peuvent-ils attaquer la licitation consentie par leur débiteur aussitôt le décès.

19º Quelles sont les deux règles auxquelles l'enregistrement reconnaît une licitation et perçoit 4 0/0 au lieu de 5 fr. 50 0/0?

Peut-on ratifier un partage entaché de lésion de plus du quart?

21° La femme mariée de moins de vingt-un ans peut-elle faire ou accepter une donation entre époux pendant le mariage?

22° Peut-on donner au fils de sa seconde femme ce que l'on pourrait donner à la mère?

23° Quelle est la quotité disponible envers un étranger ou un enfant? Quelle est-elle envers le conjoint?

24° Peut-on toujours dispenser l'étranger de fournir caution quand il est légataire de l'usufruit de la quotité disponible?

25° Comment se réduisent les donations entre vifs ordinaires?

26° Comment se réduisent les testaments?

27° Comment se fait la réduction quand le décédé a laissé une donation entre époux et divers testaments?

28° L'acceptation d'une donation peut-elle se faire en vertu d'une procuration sous-seing privé?

29° Peut-on stipuler le retour conventionnel dans les donations par père, mère et ascendants? Quelle modification ce retour conventionnel peut-il apporter au retour légal?

30° Quelles sont les causes qui peuvent entraîner la révocation d'une donation entre vifs?

31° Un legs de tout l'usufruit est-il un legs à titre universel ou un legs particulier?

32° Quelles sont les formalités qu'un époux donataire

a à remplir pour mettre à exécution la donation entre vifs que lui a faite son conjoint pendant le mariage?

33° Quelles sont les formalités qu'a à remplir le légataire universel pour mettre le testament à exécution?

34° Quelles sont les formalités qu'a à remplir le légataire à titre universel et aussi le légataire particulier?

35° Comment se fait la déclaration de succession quand il y a tout à la fois des héritiers et différents légataires?

36° Peut-on donner à un légataire en usufruit le droit de vendre des immeubles s'il en a besoin?

37° Dans les partages anticipés, quand on prétend qu'il y a lésion, doit-on estimer les immeubles d'après leur valeur au jour du partage ou d'après leur valeur au jour du décès du donateur?

38° Quand, dans un partage anticipé, un enfant a été avantagé par préciput de toute la quotité disponible, la lésion a-t-elle besoin d'être de plus du quart pour entraîner la nullité?

39° La survenance d'un enfant entraîne-t-elle la nullité d'un partage anticipé?

40° L'institution contractuelle a-t-elle besoin d'être transcrite?

41° Les donations entre époux, par contrat de mariage, ont-elles besoin d'être acceptées?

42° Comment s'opère la réduction des donations entre époux, en usufruit, dans le cas de second mariage?

43° Qu'appelle-t-on contrat pignoratif?

44° Quels sont les quatre éléments indispensables à toute obligation?

45° La signification donnée par le Code civil au mot

obligation est-elle la même que celle que lui donnent habituellement les notaires?

46° Quelles sont les causes qui peuvent vicier le consentement?

47° Quelle est la valeur du consentement donné par l'interdit?

48° Quelle est la valeur du consentement donné par le mineur?

49° Un médecin peut-il vendre sa clientèle?

50° Le bail d'une maison publique est-il exécutoire pour toute sa durée?

51° Si le lundi j'ai vendu un cheval avec promesse de le livrer le samedi suivant et qu'il crève le jeudi, pour qui est la perte?

52° Pendant ce même temps, les créanciers du vendeur peuvent-ils saisir l'animal?

53° En fait de cession de créance, la tradition de la grosse est-elle indispensable?

54° Les dommages et intérêts fixés à l'avance par les parties peuvent-ils être modifiés par le juge?

55° La clause de capitalisation des intérêts que l'on met habituellement dans les obligations est-elle valable?

56° Les énonciations faites dans un acte sur les confrontations ou les droits de servitude peuvent-elles nuire aux tiers?

57° Peut-on mettre dans un contrat (bail, vente ou autre) qu'il sera résolu de plein droit faute de paiement? Quelle est la valeur de cette clause?

58° Pendant combien de temps le créancier peut-il opposer le terme au débiteur?

59° Quelle différence y a-t-il entre la solidarité et l'indivisibilité?

60° Un seul contractant peut-il stipuler la solidarité entre ses héritiers? peut-il stipuler l'indivisibilité?

61° Y a-t-il une différence entre les dommages-intérêts et la clause pénale?

62° Quels sont les droits de celui qui a payé la dette d'un autre sans subrogation et sans mandat?

63° Quelle différence y a-t-il entre une quittance subrogative et une cession?

64° Qui peut consentir une quittance subrogative?

65° Aujourd'hui que la contrainte par corps n'existe plus, la cession de biens a-t-elle sa raison d'être?

66° Quel nom donne-t-on à la novation qui s'opère dans la personne du débiteur?

67° Le créancier qui a accepté des billets pour le montant d'une créance dont il a conservé la grosse, conserve-t-il encore le droit de se servir de cette grosse?

68° De même que le créancier peut imposer la cession à son débiteur, le débiteur peut-il imposer la délégation à son créancier?

69° L'administrateur (tuteur ou autre) peut-il voter pour le concordat et consentir la remise d'une partie de la dette?

70° Le mineur et la veuve mineure qui ont détourné des objets sont-ils aussi punis que s'ils étaient majeurs? Ont-ils encore le droit de renoncer (art. 1310)?

71° Dans le cas de contestation de l'écriture d'un testament olographe, à qui incombe la preuve, au légataire ou à l'héritier?

72° Le tuteur peut-il consentir un titre nouvel au nom de son pupille?

73° De quel droit d'enregistrement est passible un titre nouvel?

74° De quel droit est passible la ratification d'une adjudication dans laquelle il y a plusieurs adjudicataires?

75° Peut-on, sous le régime de la communauté, interdire à la femme le droit de vendre ses immeubles ou lui imposer l'obligation du remploi?

76° Quand un époux, au jour du mariage, possède des droits indivis dans une succession mobilière et immobilière, quelle quotité de ces droits tombe dans la communauté légale?

77° S'il possède des droits indivis dans une communauté, quelle quotité tombe dans la nouvelle communauté légale?

78° Si un immeuble propre est aliéné pendant la communauté, moyennant une rente viagère, y a-t-il lieu à reprise?

79° Quand la femme éprouve un préjudice du défaut d'inventaire, et que le mari fait faillite, peut-elle invoquer la preuve testimoniale, et son hypothèque légale garantit-elle les conséquences de cette preuve?

80° Le mari peut-il donner l'immeuble de communauté pour l'établissement d'un enfant qu'il aurait eu d'un précédent mariage?

81° Qui de l'époux ou de la communauté doit supporter les amendes et dommages-intérêts résultant d'un délit ou d'un quasi-délit?

82° Pendant la communauté, peut-on faire emploi des deniers qui n'entrent pas en communauté?

83° Quand il a été fait pendant la communauté des constructions ou améliorations sur les immeubles de l'un des époux, est-il dû récompense du coût ou de la plus-value? — *Quid* du mari? — *Quid* de la femme?

84° Qu'est-il dû quand il n'est fait que de grosses réparations?

85° Si l'époux commun survivant a des enfants mineurs, perd-il la jouissance légale pour ne pas avoir fait faire inventaire dans les trois mois?

86° Dans quel délai, après séparation de biens, doit-on faire la liquidation ?

87° Quelle différence y a-t-il entre la femme séparée judiciairement, la femme séparée contractuellement et la femme dotale quant à ses paraphernaux ?

88° Que deviennent les donations entre époux, dans le cas de séparation de corps?

89° Pour conserver le droit de renoncer à la communauté, la veuve est-elle forcée de faire faire inventaire dans les trois mois?

90° Le prix de l'immeuble vendu pendant la communauté reste-t-il la propriété de l'époux vendeur ou appartient-il à la communauté, sauf le droit de reprise?

91° La femme qui renonce fait-elle ses reprises comme créancière ou par prélèvement?

92° Sous le régime de la communauté d'acquêts, le détail des apports est-il indispensable ?

93° Sous le même régime, un inventaire est-il utile ou indispensable pour constater les reprises de la femme? — *Quid* pour les reprises du mari?

94° Quand les époux stipulent l'exclusion de la communauté, de tout ou partie de leur mobilier, est-ce ce mobilier lui-même ou sa valeur qui est exclue?

95° La clause de franc et quitte peut-elle s'appliquer à tous les régimes?

96° Dans le cas dé communauté universelle, quels sont les droits de la femme qui renonce?

97° Sous la communauté, peut-on stipuler que la femme touchera seule une partie de ses revenus?

98° Sous le régime dotal, les créances de la femme sont-elles aliénables?

99° Sous le même régime, peut-elle vendre ses immeubles paraphernaux et peut-elle renoncer à l'hypothèque légale qui en assure la conservation?

100° La femme dotale peut-elle faire une donation-partage?

101° Peut-elle faire une donation entre époux?

102° Dans quel cas le mari peut-il vendre à sa femme?

103° Le père peut-il vendre à son fils?

104° A quoi sert l'origine de propriété dans une vente, et quelles énonciations doit-elle indiquer?

105° Peut-on consentir une résolution de vente à l'amiable, et quel est le caractère de cet acte?

106° Quelles sont les formalités à remplir pour arriver à une licitation judiciaire? Un tuteur pourrait-il intenter cette action?

107° Que vaut le bail de vingt ans fait par un tuteur ou un mari quant aux biens de la femme?

108° Quelles sont les personnes qui ont droit de requérir un état de lieux?

109° Qui supporte la perte du bétail dans un bail à cheptel?

110° Quelles sont les formalités à remplir pour la publicité des actes de société?

111° Quel peut-être le chiffre minimum des actions?

112° Quel peût-être le chiffre minimum des obligations?

113° Quand on donne en nantissement une créance, la remise de la grosse est-elle indispensable?

114° Le titre de rente viagère a-t-il besoin d'être renouvelé après trente ans d'existence?

115° La faillite du débiteur rend-elle exigible soit la rente foncière, soit la rente constituée, soit la rente viagère?

116° Un mineur non émancipé peut-il être mandataire?

117° Quelles sont les formalités à remplir pour révoquer un mandat?

118° Quelle est la différence qui existe entre le cautionnement simple et le cautionnemeut solidaire?

119° Le créancier peut-il donner une mainlevée partielle au débiteur sans le consentement de la caution?

120° Quelle différence faites-vous entre une transaction et un compromis?

121° Peut-on, dans un contrat, stipuler que, dans le cas où il naîtrait des difficultés, elles seront soumises à tel et tel arbitres désignés?

122° Lequel, du privilége général ou du privilége spécial, sur les meubles, doit passer le premier?

123° Comment se conserve le privilége du vendeur quand l'acquéreur revend la propriété?

124° Comment se conserve ce même privilége si l'acquéreur ne revend pas? L'inscription d'office est-elle indispensable dans les deux cas?

125° Existe-t-il certaines valeurs mobilières qui puissent être immobilisées, puis hypothéquées?

126° Le créancier, premier inscrit, a-t-il le droit de choisir l'immeuble sur lequel il veut être colloqué?

127° L'inscription d'hypothèque conventionnelle, prise sur les biens présents et à venir du débiteur, frappe-t-elle les biens à venir au fur et à mesure qu'ils rentrent aux mains du débiteur?

128° La femme commune peut-elle donner mainlevée de son hypothèque légale, et dans quel cas?

129° La femme dotale le peut-elle, soit pour ses reprises dotales, soit pour ses reprises paraphernales?

130° Le Crédit foncier est-il obligé de renouveler ses inscriptions tous les dix ans?

131° Quels sont les intérêts que conserve l'inscription, de l'hypothèque conventionnelle, de l'hypothèque légale, et du privilége?

132° Le créancier inscrit, qui renouvelle en temps voulu son inscription, a-t-il à se préoccuper des aliénations qu'aurait pu consentir son débiteur?

133° Un notaire peut-il faire une purge d'hypothèques légales? Quelles sont les formalités à remplir?

Si vous n'êtes pas de force à répondre *ex abrupto* aux neuf dixièmes de ces questions, ne vous présentez pas à un examen, car vous n'êtes pas capable.

Dans un examen, le sangfroid est pour beaucoup, il faut bien se garder de se laisser intimider, et quand on ne comprend pas une question, il ne faut pas se gêner pour le dire et demander des explications.

CHAPITRE VIII.

Du Traité et des Pièces à produire.

DU TRAITÉ.

Le traité ne doit contenir aucune clause qui puisse laisser planer un doute sur le prix ou qui soumette ce prix à un aléa quelconque ; ainsi la vente d'une étude moyennant une rente viagère est prohibée.

Toute contre-lettre donnée pour déguiser une partie de ce prix est entièrement nulle, le créancier ne saurait en poursuivre le paiement, et, si ce paiement a été fait, le cessionnaire peut en demander le remboursement, bien entendu s'il en a la preuve. Il a même le droit de réclamer les intérêts depuis le jour de ce paiement.

La cession ne peut comprendre que l'office, et comme conséquence, l'obligation par le cédant de remettre aussitôt nomination les minutes, répertoires et tables. On ne doit pas énoncer que l'on cède la clientèle, parce que, en droit civil ordinaire, une clientèle n'est pas dans le commerce, n'est pas susceptible d'une possession privée ; mais on peut très-bien mettre que le cédant renonce à exercer non seulement la profession de notaire, mais même celle d'agent d'affaires dans un rayon de.....

Avant 1842, le titulaire devait forcément céder ses recouvrements, mais aujourd'hui c'est le contraire que veut la Chancellerie ; tout traité qui comprendrait les recouvrements serait refusé.

On peut sans inconvénient comprendre le mobilier d'étude ; mais il faut avoir soin de porter un prix spécial pour ce mobilier. — Le premier paiement fait par le cessionnaire ne doit pas avoir lieu avant la prestation de serment, les autres échéances peuvent être plus ou moins éloignées. Il est permis de soumettre ces échéances à certaines chances aléatoires; ainsi on peut stipuler qu'en cas de nouvelle cession l'acquéreur sera déchu du bénéfice du terme.

Quelle est la base sur laquelle on peut traiter, quel est le rapport qui doit exister entre le produit et le prix pour qu'on n'ait pas à craindre de réduction? Voilà une question que vous allez tous me poser, et à laquelle je suis bien embarrassé pour répondre. La Chancellerie a une base *minimum*, c'est 12 0/0; elle refuserait donc impitoyablement un traité d'après lequel le produit n'irait pas à 12 0/0 du prix; hors de là il n'y a plus de règle, plus de limite: c'est l'arbitraire. Le procureur de la République qui est ici le premier, et à mon avis le principal juge, doit, quand il propose une réduction, bien prendre auparavant en considération, la résidence, les variations que pourra subir la clientèle, etc., etc. — Dans le Nord. la base moyenne des traités est de 13 à 15 0/0; dans le centre, elle monte de 15 à 18; et dans le Midi comme dans l'Ouest, elle est de 18 à 20 0/0.

Ce contrat doit être enregistré avant l'examen, il se passe dans la forme sous-seings privés ou le plus souvent dans la forme authentique. S'il est sous seings-privés, il faut en faire au moins trois originaux; il est même prudent d'en faire quatre, l'un pour le cédant, l'autre pour le cessionnaire, un autre pour le procureur général et le quatrième pour le ministère de la justice. S'il est dans la forme authentique, à part la grosse du vendeur et une expédition pour l'acquéreur s'il la désire, il faut deux autres expéditions pour le ministère de la justice et pour le parquet du procureur général.

Le traité doit être écrit en termes très-concis; il faut en exclure toute phrase banale, pour ne pas s'exposer à des rectifications.

Le procureur de la République fait souvent prêter serment aux deux parties sur la véracité du prix; il est donc très-prudent d'éviter toute simulation.

Dans le cas de réduction, il est passé un traité rectificatif, et l'Enregistrement restitue les droits perçus sur la portion réduite. Il en est de même dans le cas où le traité ne serait pas suivi de nomination pour n'importe quelle cause; c'est une exception à ce principe que l'Enregistrement met si souvent en avant: « Tout ce qui a été régulièrement perçu n'est pas sujet à restitution. »

On peut parfaitement insérer dans le traité une hypothèque ou un cautionnement.

Si la cession est consentie par un tuteur ou une mère tutrice, ce qui arrive assez souvent, elle doit agir dans le traité en vertu d'une délibération du conseil de famille l'autorisant à céder à tel prix. La délibération doit être homologuée.

DES PIÈCES A PRODUIRE.

Toutes les pièces produites doivent être écrites sur papier timbré.

Le candidat déposera au parquet du procureur de la République :

1º *Son acte naissance.* — Cette pièce, signée par le maire de la commune où il est né ou le greffier du tribunal civil de l'arrondissement, doit être légalisée. Cet acte est destiné à prouver que le candidat à vingt-cinq ans passés.

2° *Un certificat de libération du service militaire.* — Autrefois il fallait justifier qu'on était entièrement libre de tout service militaire, aujourd'hui il suffira d'établir qu'on est libre de tout service actif. Cette pièce est délivrée par le préfet quand la cause de l'exemption provient d'une infirmité. Pour tous ceux qui tombent sous le coup de la loi de 1872, c'est l'autorité militaire qui délivrera un congé. Quant aux jeunes gens qui sont des classes antérieures à celle de 1872, ils sont soumis aux anciennes règles; et par exemple s'ils se sont faits remplacer directement, ils doivent justifier de l'acceptation du remplaçant et de sa présence au corps pendant un an.

3° *Certificat de bonnes vie et mœurs.* — On doit en produire un pour chaque commune où l'on a fait son stage. Ce certificat est délivré par le maire, excepté à Paris où il est dans les attributions du commissaire de police. MM. les maires ne font aucune difficulté pour la délivrance de ce certificat à quelque époque qu'on leur demande, à moins que le demandeur ne l'ait pas mérité; il n'en est pas tout à fait ainsi dans la capitale. Si le jeune homme se présente lui-même assisté de deux témoins, on le lui donne aussitôt, et rien n'est plus facile que de l'obtenir ainsi; quant au contraire le jeune homme qui a habité Paris est retourné dans sa province, MM. les commissaires refusent carrément le certificat en disant qu'il faut que le procureur de la République de l'arrondissement où se présente le candidat leur écrive, et qu'alors ils feront une enquête et délivreront la pièce s'il y a lieu. Je connais des jeunes notaires de 1872 qui ont été forcés de venir à Paris pour faire cette demande en personne.

Je ne saurais donc trop recommander aux clers de notaire qui habitent Paris de se procurer ce certificat avant de quiter la capitale.

4° *Certificat constatant qu'il jouit de ses droits civils, civiques et politiques*. — Tout d'abord je vous dirai que je ne comprends pas pourquoi on accouple toujours ces trois expressions *civils, civiques* et *politiques*. Car tout individu qui jouit de ces droits politiques, jouit forcément de ces droits civils ; les droits civiques et politiques sont les mêmes aujourd'hui, ceux qui votent pour la commune (droits civiques) ont également le droit de voter pour les élections des députés (droits politiques); mais il faut bien te céder quelque chose, ô *sainte Routine !*

Il faut donc un certificat, un seul, constatant que le candidat jouit de ses droits politiques, et cette pièce est délivrée par le maire de la dernière commune où il a été porté sur la liste électorale.

5° *Extrait du casier judiciaire*. — Chaque homme en France a son casier judiciaire au greffe du tribunal civil de l'arrondissement où il est né. Quels que soient plus tard ses différents domiciles, ce casier ne change pas de place. Là donc, au greffe civil du lieu de sa naissance, on porte toutes les condamnations correctionnelles ou criminelles prononcées contre lui.

Cette pièce est délivrée par le greffier du tribunal civil et légalisée comme toutes les autres; elle énonce habituellement que le candidat n'a encouru aucune condamnation ;

elle pourrait cependant énoncer quelquefois le contraire, et ce ne serait pas précisément une raison pour ne pas être reçu notaire.

Les condamnations, emportant privation des droits politiques, empêchent naturellement d'arriver au notariat. Quant aux autres, le ministre est souverain juge et il décide suivant leur gravité. Le ministère voit toujours d'un mauvais œil les condamnations pour tapage, rébellion à la force publique, démonstrations politiques, atteinte à la morale ou à la probité.

Je ne saurais donc trop recommander aux clercs de notaire d'avoir une conduite exemplaire, car la moindre infraction, qui pour un autre ne serait peut-être qu'une pécadille, est pour eux un obstacle insurmontable qui vient rompre leur carrière.

6° *Pièces justificatives du stage.* — C'est-à-dire les différents certificats de stage des notaires chez lesquels on a travaillé, et les extraits des inscriptions faites au secrétariat de la Chambre des notaires conformément à l'ordonnance de 1843.

Nous ferons remarquer ici que la loi en exigeant généralement que le candidat ait été premier clerc pendant une des deux dernières années, ne demande pas que cette année-là soit sans interruption. L'année de premier clerc peut donc se composer de plusieurs tronçons, pourvu qu'ils s'appliquent tous aux vingt-quatre derniers mois et qu'ensemble ils forment un total de douze mois.

7° *Certificat de capacité et de moralité.* — C'est à la Chambre des notaires de l'arrondissement où se trouve l'étude cédée qu'il appartient de délivrer ce certificat.

Les chambres des notaires font habituellement une enquête sur le passé du postulant, elles s'entourent de tous les renseignements qu'elles croient utiles, elles examinent toutes les pièces dont nous venons de parler, et enfin elles lui font subir un examen, puis elles délivrent ou refusent ce certificat.

En pareille circonstance, il est des chambres qui se préoccupent beaucoup de la position de fortune, et je n'ose les en blâmer. C'est peut-être un excellent moyen pour éviter une catastrophe. Cependant je ne les approuve que jusqu'à un certain point, car il en est quelquefois qui vont trop loin.

8° *Démission du titulaire.* — C'est une pièce dans laquelle le cédant déclare donner sa démission et présente au chef du pouvoir, pour son successeur, le cessionnaire.

Quand le titulaire est décédé, ce sont ses héritiers qui signent la présentation.

9° *Supplique du candidat.* — Cette pièce est la supplique par laquelle le candidat prie le chef du pouvoir de vouloir bien le nommer notaire à la résidence de....

10° *Certificat de non-parenté avec les membres du tribunal civil de l'arrondissement et leurs suppléants, ni avec les juges de paix et leurs suppléants.* — Cette pièce n'est point demandée partout, cela dépend des idées du procureur général, ce n'est donc que dans certaines cours seulement qu'on l'exige. Je ne comprends pas son utilité, car la parenté avec un juge n'est pas un motif de refus comme notaire. Mais si vous traitez dans une de ces cours où le procureur émet cette exigence, n'oubliez pas en certifiant que vous n'êtes pas parent, de certifier également que vous n'êtes pas allié, sinon vous auriez un retour de votre dossier pour rectifier cette pièce (j'en sais quelque chose).

11° *État des produits de l'office pendant les cinq dernières années.* — Il doit être fait sur le modèle que je donne à la fin de ce chapitre. Pour les quatre dernières catégories d'actes (inventaires, testaments, actes divers et brevets), le capital ne saurait être demandé, par conséquent il est inutile de remplir la dernière case de chaque année.

Comme honoraires, il faut porter sur le tableau aussi bien les droits d'expédition et les voyages que les droits de minute.

12° *Expéditions du traité.* — Dans plusieurs cours d'appel on demande deux expéditions dont l'une suit le dossier jusqu'au ministère et l'autre reste déposée au parquet du procureur général.

Le candidat doit surtout veiller avec le plus grand soin à ce que ses noms et prénoms soient partout écrits de la même manière ; et que toutes ses pièces, sans aucune exception, soient légalisées.

CHAPITRE IX.

Dispense de stage. — Dispense d'âge. — Refus par la Chambre de délivrer un certificat de moralité et de capacité.

Les dispenses de stage sont accordées bien rarement, il

ne faut pas croire dans tous les cas qu'il suffit d'avoir été maire ou adjoint pour les obtenir. Le ministère se montre au contraire très-difficile sur ce point-là. Les personnes qui ont rempli les fonctions de juge, procureur de la République, substitut, avoué, avocat, greffier du tribunal civil et receveur de l'enregistrement sont à peu près les seules à profiter quelquefois de ces dispenses.

Quant aux dispenses d'âge, il ne faut pas en espérer : le ministère n'en accorde jamais. Bien souvent, des fils pour succéder à leur père décédé ont demandé des dispenses de quelques mois, ils ont toujours été refusés. Mais la Chancellerie, qui ne veut pas absolument accorder des dispenses d'âge, ne s'oppose pas à ce que le candidat traite quelques mois avant ses vingt-cinq ans, et passe ensuite son examen. Il suffit dès lors que le candidat ait atteint son âge quand ses pièces arrivent au ministère.

La Chambre des notaires est parfaitement libre de faire subir l'examen quelques mois avant les vingt-cinq ans.

La délibération que prend la Chambre de discipline des notaires de l'arrondissement quand elle délivre ou refuse le certificat de moralité et de capacité, n'est qu'un avis qui ne lie pas le ministre ; ce dernier reste maître absolu après comme avant d'accepter ou de refuser le candidat. Il est cependant bon de reconnaître que l'avis de la Chambre est pris par la Chancellerie en très-sérieuse considération.

Bien peu de candidats d'ailleurs après avoir été rejetés par la Chambre oseraient aller plus loin. Si cependant ils étaient convaincus que la décision de la Chambre ait été influencée par un certain esprit de parti, par une cause quelconque étrangère à la justice, ils pourraient en parler au procureur de la République, et poursuivre quand même leur nomination ; et ce ne serait pas la première fois que la Chancellerie admettrait l'homme que la Chambre aurait refusé.

Dans une question si délicate, le souverain juge est toujours le procureur de la République, qui est chargé d'examiner à nouveau le candidat, de voir son dossier et de faire une enquête sur sa vie passée. Les personnes qui, en pareilles circonstances, comptent sur des amis à Paris, ont grand tort.

1878 — Imp. A. MICHELS, passage du Caire, 8 et 10.

Imp. A. Michels, Passage du Caire 3 et 10.

Nature des Actes.	Année 187_				Année 187_				Année 187_				Année 187_				Année 187_				Récapitulation pour les 5 années par nature d'actes			
	Nombre	Droits d'enregistrement	Honoraires	Prix d'après Capital																			
	1	2	3	4	1	2	3	4	1	2	3	4	1	2	3	4	1	2	3	4	1	2	3	4
Adjudications, Vtes d'Immeubles																								
Ventes judiciaires d'immeubles																								
Ventes volontaires d'immeubles																								
Ventes mobilières																								
Baux																								
Contrats de mariage																								
Quittances																								
Donations entre époux																								
Liquidations et partages																								
Donations																								
Obligations et transports																								
Actes de société																								
Inventaires																								
Testaments																								
Actes divers																								
Actes en brevet																								
Totaux																								

Dépenses annuelles de l'Étude.

Certifié en ce qui concerne le montant des Droits d'enregistrement
Par le Receveur de l'enregistrement

Le 5me est de __________

La moyenne des Honoraires de chaque acte est de __________

ÉCOLE DE NOTARIAT

DE PARIS

Fondée par décision de S. E. M. le Ministre de l'Instruction publique,
du 21 Juin 1865.

DIRECTEUR : L. GANTHIER, ANCIEN NOTAIRE,

16, RUE HAUTEFEUILLE, PARIS.

OUVERTURE

TOUS LES ANS, DU 5 AU 10 NOVEMBRE

DURÉE DES COURS

Les cours ne durent que neuf mois. Jusqu'au 1er avril, les séances ont lieu tous les jours, de huit heures et demie à dix heures et demie du matin (dimanches et jeudis exceptés). A partir du 1er avril, les séances ont lieu même le jeudi.

ENSEIGNEMENT.

1° Les lois organiques du notariat ;
2° Le Code civil et tous les contrats qui en découlent ;

3° Une partie des Codes de commerce et de procédure civile ;

4° L'enregistrement et les hypothèques.

DISTRIBUTION DES SÉANCES.

1° Lecture et correction des contrats que les élèves ont faits à domicile ;

2° Exposé des droits d'enregistrement et d'hypothèques dont ils seraient passibles ;

3° Cours oral pendant 70 à 80 minutes ;

4° Exposé de la nature et des conditions du contrat à faire pour le lendemain. (Ce contrat est toujours choisi sur les matières traitées dans le cours oral.)

PRIX.

Le prix de l'année scolaire est de 400 francs, payables moitié en entrant, et moitié le 1er avril suivant. Les élèves qui rentrent dans le courant de l'année ne paient qu'au prorata, soit 40 fr. par mois avant le 1er avril et 50 francs par mois après.

UTILITÉ.

Un cours de notariat est d'une utilité incontestable pour apprendre et bien saisir la corrélation intime qui unit la théorie à la pratique.

Tout art, toute science a besoin d'explications pour en

faciliter l'intelligence ; tout ce qu'un livre peut contenir, un professeur peut l'enseigner et le commenter. Dans tout enseignement la parole l'a toujours emporté de beaucoup sur l'écriture.

Au besoin, le professeur reprend sa thèse sous une autre forme pour que l'élève saisisse mieux, il explique avec plus de soin les points qui paraissent plus obscurs, il répond aux questions qui lui sont posées; d'un mot il éclaircit bien des doutes, simplifie bien des questions ; tandis que le livre, cet auxiliaire impassible, vous laisse rêver et chercher... et vous présente toujours le même fait sous le même jour.

SOMMAIRE HABITUEL

DES

TRAVAUX DE L'ÉCOLE DE NOTARIAT DE PARIS

Jusqu'au 20 Novembre.

Théorie :   Loi du 25 ventôse an XI.
Loi du 21 juin 1843.
Loi du 22 frimaire an VII.
Art. 839 à 858 du Code de procédure civile.

Pratique : Protocole des contrats et procès-verbaux, fin
des contrats et procès-verbaux.

Mentions des divers extraits, grosses et expéditions.

Copies collationnées.

Procès-verbal de délivrance de seconde grosse.

Consentement amiable à délivrance d'une seconde grosse.

Du 20 Novembre au 1ᵉʳ Janvier.

Théorie : Des obligations (art. 1101 à 1386 C. civ.).

Des hypothèques au point de vue de l'inscription (art. 2091 à 2180 C. civ. — Loi du 23
mars 1855).

Pratique : Billet à ordre avec et sans hypothèque, traite
et endos.

Obligation en brevet avec et sans hypothèque.

Dépôt d'obligation en brevet.

Quatre obligations hypothécaires, par un seul
débiteur, par deux débiteurs solidaires, avec
subrogation dans l'hypothèque légale de la
femme, avec subrogation dans l'assurance.

Obligation avec cautionnement.

Obligation avec nantissement d'une créance et
de meubles corporels.

Ouverture de crédit.

Six bordereaux d'inscription.

Prorogation de délai.

Cession avec garantie hypothécaire.

Cession avec cautionnement.

Tenu-pour-signifié.

Quittance simple.

Quittance avec mainlevée.

Mainlevée.

Quittance subrogative.

Procès-verbal d'offres.

Permutation d'hypothèques.

Cession de biens (art. 1265 C. civ.).

Traité après accident (quasi-délit).

Du 1er Janvier au 15 Février.

Théorie : Du mariage et du contrat de mariage (art. 144 à 179, — 1387 à 1581 C. civ.)

Pratique : Acte respectueux.

Notification d'acte respectueux.

Contrat sous le régime de la communauté légale.

Contre-lettre.

Contrat avec apports et donations.

Contrat avec communauté d'acquêts.

Contrat avec exclusion de partie du mobilier de la communauté.

Contrat sous le régime de la séparation de biens.

Deux contrats sous le régime dotal.

Liquidation de reprises à l'amiable après séparation de corps.

Procès-verbal d'ouverture de liquidation de reprises, après séparation de biens.

Deux états de liquidation de reprises.

Procès-verbal de difficultés.

Procès-verbal de clôture.

Reconstitution de communauté.

Du 15 Février au 15 Mars.

Théorie : De la vente, de la licitation et de l'échange
(art. 1582 à 1707 C. civ.)
De la transcription et de la purge (art. 2181 à
2203 C. civ. — Loi du 23 mars 1855).

Pratique : Vente sous signatures privées.
Contrat de vente d'un immeuble de peu de
valenr.
Vente d'un immeuble important.
Vente d'une maison louée.
Promesse de vente.
Dation en remploi par un mari à sa femme.
Dation en paiement.
Vente à réméré.
Quittance de rachat.
Quittance de prix de vente.
Licitation d'un seul immeuble.
Licitation de plusieurs immeubles.
Echange.
Pièces nécessaires à la purge.

Du 15 au 25 Mars.

Théorie : Ventes judiciaires et quittances d'ordre (art.
2204 à 2210 C. civ. — Art. 673 à 779 et
953 à 965 du Code de p. c.).

Pratique : Cahier de charges.
Dépôt du cahier de charges.
Procès-verbal d'adjudication.
Deux quittances d'ordre.

Du 25 Mars au 5 Avril.

Théorie : Des baux (art. 1703 à 1821 C. civ.)

Pratique : Marché entre un propriétaire et un entrepre-
neur.
Traité entre un domestique et son maître.
Bail à loyer.
Bail à ferme.
Bail à cheptel simple.
Cahier de charges pour parvenir à un bail.
Bail à ferme par adjudication.
Cession de bail.

Du 5 au 10 Avril.

Théorie : Des sociétés civiles et commerciales. — (Art.
1832 à 1873 C. civ. — Art. 48 à 62 C. de
com. — Lois de 1856 et de 1867).

Pratique : Société en nom collectif.
Société en commandite simple.
Société en commandite par actions.
Dépôt des statuts faits s.-s.-p.

Du 10 au 15 Avril.

Explications sur les faillites (art. 437 à 614
Code de commerce).

Du 20 au 30 Avril.

Théorie : Des petits contrats (art. 1874 à 2091 C. civ. —
Art. 1003 à 1028 C. de p. c.).

Pratique : Arrentement viager à l'aide d'un capital mobilier.
Arrentement viager par suite de ventes d'immeubles, avec déversion de la rente sur la
tête du survivant des vendeurs.

Vente à la charge de payer à un tiers une rente viagère insaisissable.

Compromis.

Transaction après compromis.

Révocation de procuration.

Décharge de mandat avec compte du mandataire.

Le 1ᵉʳ Mai.

Explications sur le domicile (art. 102 à 111 C. civ.).

Le 2 Mai.

Explications sur l'absence (art. 112 à 143 C. civ.).

Du 2 au 5 Mai.

Théorie : Des obligations qui naissent du mariage (art. 208 à 211 C. civ.).

Pratique : Pension alimentaire par un père à son enfant.
Pension alimentaire par plusieurs enfants à leur père, et par quotités inégales.
Abandon de l'usufruit d'un immeuble à titre de pension alimentaire.

Le 6 Mai.

Explications sur l'assistance maritale et l'assistance judiciaire.

Les 6 et 7 Mai.

Théorie : De la séparation de corps (art. 299 C. civ. — Art. 306 à 311 C. civ.).

Pratique : Contrat de liquidation de reprises entre parties majeures et après acceptation de communauté.

Les 9 et 10 Mai.

Théorie : Des enfants légitimes et de la légitimation des enfants naturels (art. 312 à 333 C. civ.).

Pratique : Acte de désaveu.
Déclaration de légitimation par contrat de mariage et hors contrat de mariage.

Le 11 Mai.

Théorie : De la reconnaissance des enfants naturels (art. 334 à 342 C. civ.).

Pratique : Acte de reconnaissance d'enfant naturel.

Le 12 Mai.

Explications sur l'adoption et la tutelle officieuse (art. 343 à 370 C. civ.).

Les 13 et 14 mai.

Explications sur la puissance paternelle (art. 371 à 387, C. civ. — Examen spécial des art. 384, 385, 386 et 387 C. civ.).

Du 15 au 25 Mai.

Théorie : De la minorité et de l'interdiction (art. 388 à 515 C. civ.. — Art. 928 à 952 C. de pr. c.).

Pratique : Intitulé d'inventaire à la requête d'un tuteur.

Procès-verbal de vente de meubles.
Compte de tutelle à l'amiable.
Récépissé de compte de tutelle.
Appurement de compte de tutelle.
Etat de compte de tutelle judiciaire.

Le 27 Mai.

Explication sur la distinction des biens (meubles, immeubles et immeubles par destination), sur la propriété et sur le droit d'accession (art. 516 à 577, C. civ.).

Du 28 Mai au 1ᵉʳ Juin.

Théorie : De l'usufruit et de l'habitation (art. 578 à 636 C. civ.).

Pratique : Intitulé d'inventaire à la requête d'un usufruitier.
Etat des immeubles soumis à l'usufruit.

Les 2, 3 et 4 Juin.

Explication sur les servitudes (art. 637 à 710 C. civ.).

Du 5 Juin au 5 Juillet.

Théorie : Des successions (art. 718 à 892 C. civ. — Art. 907 à 1002 C. de pr. c.).

Pratique : Intitulé d'inventaire.
Clôture et intitulé de séance.
Clôture après difficultés.
Référé.
Partage d'immeubles.

Partage d'immeubles et de créances.

Adjudication d'immeubles sans admission d'étrangers.

Cahier de charges pour parvenir à la vente des immeubles.

Procès-verbal d'adjudication d'immeubles.

Procès-verbal d'ouverture de liquidation.

Liquidation après vente d'immeubles à des étrangers.

Liquidation après vente d'immeubles tant à des étrangers qu'à des cohéritiers.

Liquidation de communauté et de succession.

Liquidation de communauté et de deux successions avec distinction des revenus.

Procès-verbal de difficultés.

Procès-verbal de clôture.

Partage judiciaire.

Procès-verbal de tirage au sort.

Du 5 Juillet au 1er Août.

Théorie : Des donations entre vifs et des testaments (art. 893 à 1100 C. civ.).

Pratique : Donation de meubles sans dette.

Donation d'immeubles par préciput.

Donation de meubles et d'immeubles à charge de dettes et en avancement d'hoirie.

Donation à deux donataires dont un seul accepte.

Acceptation de donation.

Donation entre époux.

Donation-partage sans réserve d'usufruit.

Donation-partage avec réserve d'usufruit.

Testament olographe.

Testament authentique.

Testament mystique.

Institution contractuelle.

Partage judiciaire et liquidation après donation entre vifs de meubles et d'immeubles à quelques héritiers. — Rapport réel des immeubles. — Rapport fictif des meubles.

Du 1er au 5 Août.

Explications sur la prescription (art. 2219 à 2281 C. civ.).

COMPTABILITÉ NOTARIALE

Le notariat ne possède aucun système spécial de comptabilité, et les législateurs de l'an XI ont eu tort de laisser de côté un point si important. Certains notaires ont des registres d'une dimension et d'un poids énormes, d'autres, au contraire, ont adopté des formes plus légères, mais aussi moins complètes. Tandis que quelques-uns ont dix ou douze livres, d'autres n'en ont que deux ou trois, et même pas du tout.

Cette comptabilité notariale, à défaut de règles précises, a donc flotté au gré des caprices de chacun, et en passant par toutes les variations imaginables, elle en est arrivée à ce triste résultat qu'elle revêt presqu'autant de formes qu'il y a de notaires.

Une tenue de livres régulière et uniforme, au moins dans ses parties principales, aurait cependant d'immenses avantages. Elle permettrait à un clerc de s'y reconnaître tout de suite dans chaque étude où il pourrait passer ; elle mettrait l'aspirant en mesure de juger immédiatement de l'importance de l'office qu'il veut acquérir ; elle fixerait jour par jour le notaire sur sa propre position ; et, dans le cas de décès du titulaire, elle sauvegarderait, par des comptes certains, tout aussi bien les fortunes particulières que l'honorabilité du notariat.

Une bonne comptabilité est donc indispensable, tout le monde le reconnaît ; mais quel système adopter, lequel est le meilleur ? Les systèmes sont nombreux et la réponse est difficile ; on pourrait presque dire : tous les systèmes sont bons, pourvu qu'ils soient complets.

A mon avis, ce qu'il faut dans une étude, c'est un mode de registre qui puisse facilement se porter et voyager au besoin d'un bureau à l'autre ; ce qu'il faut, c'est une comptabilité exacte et complète qui se prête facilement par sa concordance et sa simplicité tant aux recherches qu'aux vérifications. Il faut encore un système qui demande peu de temps et permette, dans certains moments d'occupation, de renvoyer sans inconvénient, à des jours plus libres, une partie des chiffres.

Je crois que mes registres réunissent tous ces avantages ; vous pourrez en juger en lisant la note explicative qui est en regard de chaque *fac-simile*.

L. GANTHIER.

EXPLICATIONS GÉNÉRALES

Tous les registres sont solidement reliés, cartonnés et recouverts en toile pleine.

Ils sont réglés verticalement et horizontalement avec le plus grand soin.

Les deux registres de comptes courants sont foliotés. Pour les autres ce travail était inutile, puisque tout s'y inscrit par date.

Les frais de factage et d'emballage sont à la charge de l'expéditeur ; l'acquéreur n'a à supporter que les frais de port.

On expédie jamais contre remboursement, ce mode de transport étant trop coûteux.

Toute acquisition de moins de 20 fr. doit autant que possible être payée comptant.

Pour toute acquisition au-dessus de 20 fr., l'acquéreur a le choix, soit de payer comptant, soit de payer sur traite présentée sans frais à son domicile, à la fin du mois qui suit celui de l'expédition.

Les demandes doivent être adressées directement à M. Ganthier, 16, rue Hautefeuille, Paris, les prix tout à fait réduits de chaque registre ne permettant pas de faire de remise aux intermédiaires.

LIVRE-JOURNAL

DIMENSION : 40 centimètres de hauteur sur 27 de largeur.
CONTENANCE : 300 pages de 8 cases chacune.
PRIX : 12 fr.

Aussitôt qu'un acte est fini, on l'inscrit sur ce registre, qui peut ainsi servir de guide pour le répertoire. On y porte en même temps les recettes, les déboursés ; dans certains cas même, les honoraires et l'énonciation des formalités exceptionnelles à remplir.

Plus tard, quand cet acte sera enregistré et sera même revenu des hypothèques, on complétera le détail des frais, en séparant les honoraires des déboursés ; puis, au moyen d'une accolade tirée à la main, on fait le total général des frais.

Par l'énonciation de chaque acte, ce registre devient un guide sûr pour monter le Répertoire ; et par le détail des frais, il devient la base du Grand-Livre.

Les initiales L. M. J. ou *lmj*, que plusieurs notaires emploient, signifient *le même jour*.

Enreg.t — Honoraires
Timbre — Rôles
Hypoth. — Répertoire

Enreg.t — Honoraires
Timbre — Rôles
Hypoth. — Répertoire

Enreg.t — Honoraires
Timbre — Rôles
Hypoth. — Répertoire

Enreg.t — Honoraires
Timbre — Rôles
Hypoth. — Répertoire

Enreg.t — Honoraires
Timbre — Rôles
Hypoth. — Répertoire

Enreg.t — Honoraires
Timbre — Rôles
Hypoth. — Répertoire

Enreg.t — Honoraires
Timbre — Rôles
Hypoth. — Répertoire

Enreg.t — Honoraires
Timbre — Rôles
Hypoth. — Répertoire

N.° du Registre	Qualité du titre	Noms et Demeures des Débiteurs.	Déboursés Honoraires	Déboursés et Honoraires	Recettes.		
					Dates	A Compte	Totaux.
		Report.					
		à Reporter.					

GRAND-LIVRE

Dɪᴍᴇɴsɪᴏɴ : 46 centimètres de hauteur sur 30 de largeur.
Cᴏɴᴛᴇɴᴀɴᴄᴇ : 300 pages de 13 cases chacune.
Pʀɪx : 15 fr.

Quand on a le temps, on monte le Grand-Livre qui renferme le résumé du Livre-Journal. Les différentes colonnes de ce Grand-Livre permettent de savoir à première vue le montant des déboursés, le montant des honoraires, le montant des à-comptes, et de voir le rapport qui existe entre ces trois chiffres si importants.

Au Grand-Livre, comme au Journal, on fait les comptes par mois.

Quand un client demande son acte, c'est au Grand-Livre qu'on se reporte, et si ce client désire connaitre le détail des frais, on remonte au Journal.

Il en est qui ne portent au Grand-Livre que les actes dus, et qui, à la fin de chaque mois, résument en une seule cote tous les actes payés ; dans ce cas, il est bon de citer la date des actes payés, afin qu'on puisse au besoin se reporter au Journal et vérifier.

LIVRE-CAISSE

Dimension : 21 centimètres de hauteur sur 26 de largeur.
Contenance : 200 pages.
Prix : 7 fr.

Les recettes que fait un notaire sont de deux espèces : celles de l'étude et les dépôts. En mélangeant ces recettes, on arrive forcément à ne plus connaître le chiffre des dépôts, ce qui est un grand danger. Un notaire doit toujours connaître exactement le taux des sommes dont il est dépositaire, s'il veut éviter des désagréments et même quelquefois une catastrophe.

Plusieurs notaires ont deux registres : l'un pour le mouvement de fonds de l'étude, et l'autre pour celui des dépôts.

Il me semble qu'il serait facile de réunir toutes les rentrées et toutes les sorties de fonds sur un seul registre, en adoptant le modèle ci-contre.

La première colonne à gauche est destinée à recevoir les émargements indiquant que la somme a été portée au compte particulier du client, quand il en a un.

Émarg.ᵗ	Dates	Mois d 187		Caisse.		Dépôts.	
				Recettes.	Paiements	Entrée.	Sortie.
		Reports					
		à Reporter					

M   à

Dates	Explication de la Recette ou du Paiements.	Doit	Avoir

LIVRE DES COMPTES COURANTS

N° 1
{ DIMENSION : 21 centimètres de hauteur sur 26 de largeur.
CONTENANCE : 200 pages foliotées.
PRIX : 7 fr.

N° 2
{ DIMENSION : 40 centimètres de hauteur sur 26 de largeur.
CONTENANCE : 300 pages foliotées.
PRIX : 13 fr.

Pour les clients qui ont un mouvement de fonds assez important à l'étude, ce registre est indispensable pour pouvoir grouper ensemble toutes les recettes, tous les déboursés et tous les frais d'actes concernant ce client.

Les comptes courants sont plus ou moins longs, plus ou moins nombreux, selon l'importance des études ; aussi, pour que chacun puisse trouver le registre qu'il désire, nous avons adopté deux formats différents.

LIVRE D'ENREGISTREMENT

DIMENSION : 21 centimètres de hauteur sur 32 de largeur.
CONTENANCE : 150 feuilles.
PRIX : 8 fr.

C'est un registre à souche, et le modèle ci-contre en fait tout de suite saisir l'utilité.

Sur le talon, on inscrit les actes ; puis on portera les droits quand ils auront été perçus.

Sur la portion qui se détache, on inscrit les actes, et, de plus, sur la première colonne, les droits présumés, et M. le receveur remplira lui-même la deuxième colonne.

En tête de la souche et du coupon, on met aussi la date du dépôt, le nombre d'actes et la somme déposée.

Avec ce système, aucune erreur n'est possible ; les forcements et les restitutions seront même moins fréquents, car si le receveur est en désaccord avec le notaire, il y regardera à deux fois avant de faire sa perception.

Étude de M.   notaire à

Dépôt du   187   Dépôt du   187

actes avec   actes avec

Imp. A. MILHÈS, Passage du Caire, 8 et 10.

Énonciation des Actes.	Droits perçus		Énonciation des Actes.	Droits présumés	Droits perçus
Total			Total		

Dates		Énonciation des Actes.	Droits perçus.	Dates des formalités.	Transcrit.		Inscrit.		à renouveler avant le.	Date des Radiations
Du Dépôt	des Actes.				Vol.	N°.	Vol.	N°.		
		Report								
		à Reporter								

LIVRE D'HYPOTHÈQUES

DIMENSION : 23 centimètres de hauteur sur 33 de largeur.
CONTENANCE : 200 pages.
PRIX : 8 fr.

Le modèle ci-contre me paraît complet. Rien n'a été oublié, rien n'a été mis de trop.

Date des dépôts, date des actes, dénomination des actes, droits perçus, date des formalités, volumes et numéros des inscriptions et transcriptions, époque où le renouvellement devient nécessaire et date des radiations.

L'avant-dernière colonne a une importance capitale, et après neuf ans un notaire sérieux doit la repasser avec soin, pour deux raisons : 1º Parce que si la grosse d'un titre a été laissée ou rapportée à l'étude, et qu'elle ait été reléguée dans un dossier, le notaire peut être déclaré responsable s'il n'a pas fait le renouvellement ; 2º et parce que, si la grosse est chez le client qui peut oublier la nécessité du renouvellement, ce client en voudra certainement au notaire de ne pas l'avoir prévenu.

TABLE DES DÉBITEURS

DIMENSION : 40 centimètres de hauteur sur 27 de largeur.
CONTENANCE : 200 pages répertoriées.
PRIX : 10 fr.

Quand on a un grand nombre de clients, et même, dans une petite étude, quand on a un assez long exercice, ou quand la mémoire vous fait un peu défaut, il faut absolument, pour ne pas perdre son temps en recherches longues et pénibles, il faut, dis-je, absolument avoir une *Table* ou *Répertoire*. Là, par ordre alphabétique, on retrouve ses débiteurs.

Il est bon de ne pas porter tous les noms qui commencent par la même lettre, immédiatement à la suite les uns des autres. Il vaut mieux, après un nom propre, laisser quelques lignes en blanc pour inscrire les personnes qui portent le même nom.

On fait bien aussi quand on monte cette table, d'y placer les noms propres qui commencent par la même lettre, dans l'ordre alphabétique que comporte les autres lettres de ces noms.

Débiteurs			Numéros dus.
Nom.	Prénoms.	Domicile.	

A
B
C
D
E
F
G
H
I
J
K
L
M
N
O
P
Q
R
S
T
U
V
X
Y
Z

Anciens Propriétaires et Créanciers			Nouveaux Prop.res et Déb.rs	Nature des Actes.	Date des Actes.
Noms et Prénoms.	Époux ou Profession	Domicile	Noms et Prénoms.		

A
B
C
D
E
F
G
H
I
J
K
L
M
N
O
P
Q
R
S
T
U
V
X
Y
Z

TABLE GÉNÉRALE DES ACTES

Dimension : 46 centimètres de hauteur sur 30 de largeur.
Contenance : 400 pages.
Prix : 22 fr.

On a souvent besoin de rechercher de vieilles minutes,
et pour les guider dans ce travail presque de hasard, la
plupart des notaires n'ont que le Répertoire. Que d'heures
nous avons tous perdues, et souvent inutilement, à feuil-
leter ces vieux manuscrits ! Certains notaires ont de petits
cartons qui, entr'autres inconvénients, ont celui de se
perdre trop facilement. La table est le plus vieux système
et en même temps le meilleur. Mais comment la monter?
Y porter tous les noms est un travail énorme qu'il me
paraît possible de simplifier.

Je ne porterais point sur ma table les brevets, et les
minutes n'y figureraient que sous un seul nom. Mais quel
nom fallait-il choisir, le vendeur ou l'acquéreur ? Généralement, quand on vient vous demander un acte ancien, on
sait le nom des deux contractants, on pourrait donc faire
les recherches aussi bien à l'un qu'à l'autre. Il est cependant deux cas où l'incertitude peut régner : c'est d'abord
quand vous avez besoin de savoir les ventes de propres
qu'un époux a pu faire, et ensuite quand vous avez besoin
de connaître les prêts faits par un créancier prédécédé. J'ai
donc pensé qu'il fallait monter cette table sous le nom du
vendeur, et sous le nom du créancier.

Pour tous les contrats où il n'y a ni aliénation ni obligation, il convient de mettre en tête du registre une
légende explicative indiquant sous quels noms ils seront
portés.

IMPRIMERIE A. MICHELS, PASSAGE DU CAIRE, 8 ET 10.

IMPRIMERIE A. MICHELS, PASSAGE DU CAIRE, 8 ET 10.